Vente les Lundi 24 et Mardi 25 Février 1868

OBJETS D'ART

ET DE

CURIOSITÉ

PROVENANT D'ITALIE

Exposition publique le Dimanche 23 Février 1868.

Me **CHARLES PILLET,**
COMMISSAIRE-PRISEUR

M. CARLE DELANGE,
EXPERT

1868

CATALOGUE

D'OBJETS D'ART

ET DE CURIOSITÉ

Provenant d'Italie

**Bijoux, Orfévrerie, Camées et Intailles,
Boîtes, Meubles, Guipures, Ivoires, Tapisseries, Portraits,
quelques Tableaux, etc.**

DONT LA VENTE AUX ENCHÈRES PUBLIQUES

aura lieu

HOTEL DROUOT, Salle N° 5

Les Lundi 24 et Mardi 25 Fevrier 1868

A DEUX HEURES

Par le ministère de M° **Charles PILLET**, Commissaire-Priseur,
11, rue de Choiseul,

Assisté de **M. Carle DELANGE**, Expert, 5, quai Voltaire.

Chez lesquels se trouve le Catalogue.

EXPOSITION PUBLIQUE

Le Dimanche 23 Février 1868, de une heure à cinq heures.

CONDITIONS DE LA VENTE

Elle sera faite au comptant.

Les adjudicataires payeront *cinq pour cent* en sus des enchères.

L'exposition mettant le public à même de se rendre compte de .'état des objets, il ne sera admis aucune réclamation une fois l'adjudication prononcée.

-----

68. — Paris. — Impiimerie de PILLET fils aîné, rue des Grands-Augustins, 5.

DÉSIGNATION DES OBJETS

Bijoux

1 — Très-beau collier en or émaillé, enrichi de perles fines, avec pendeloques en forme de grappes de raisin en perles fines. Les boucles d'oreilles en or émaillé, également enrichies de perles.

Travail vénitien. Fin xvi⁰ siècle.

2 — Parure composée de : collier, boucles d'oreilles, bague, fermoirs de bracelets, en mosaïque, représentant des oiseaux, avec monture en or de Venise.

3 — Parure en lapis gravé en creux, composée de collier avec pendant en forme de médaillon, représentant la tête du Christ, boucles d'oreilles ; monture en vermeil, avec chaînes en or de Venise.

4 — Bague en or émaillé ; sur le chaton, sous un cristal, un petit bas-relief en terre cuite peinte, représentant une Sainte Famille.

Fin du xvi⁰ siècle.

5 — Bague en or émaillé, avec cabochon en turquoise. XVIe
siècle.

6 — Bague en or émaillé, cabochon en grenat.

7 — Bague en or, avec perles baroques.

8 — Bague en or, cabochon en grenat.

9 — Bague en or, avec roses et une miniature représentant
la Madone et l'Enfant.

10 — Bague en or émaillé, avec améthyste et turquoises.

11 — Bague en or, avec roses et rubis.

12 — Bague en or émaillé, cabochon en rubis.

13 — Deux fermoirs de bracelets en or émaillé; sur l'un, les
portraits de Louis XVI et de Frédéric II; sur l'autre,
Joseph II et la grande Catherine de Russie.

Pièces remarquables.

14 — Croix en or émaillé, avec pendeloques en perles fines.
XVIe siècle.

15 — Croix en or émaillé. XVIe siècle.

16 — Émail en or de forme convexe; à l'extérieur : La Nati-
vité; dans la partie concave : Le Crucifiement.

17 — Montre en or émaillé, sujet flamand : Buveurs. Époque
Louis XIV.

18 — Montre en or émaillé, avec sujet représentant le Jugement de Pâris.

19 — Montre en or ciselé, à sujets. Époque de Louis XV.

20 — Autre montre analogue.

21 — Médaillon en or émaillé, avec camée cornaline et pendeloques en perles. xviiᵉ siècle,

22 — Flacon émaillé, avec monture en vermeil.

23 — Médaillon en argent, avec plaques en cristal de roche ; à l'intérieur, une figure de saint en or. Il est enrichi de perles fines. xviiᵉ siècle.

24 — Plaque en cristal de roche gravée, représentant un Amour.

25 — Bijou en vermeil, avec diamant, pierreries et perles.

26 · Épingle. Tête de nègre en onyx, ornée de roses.

27 — Médaillon strass, avec émail.

28 — Bijou en argent et nacre, orné de pierreries.

29 — Aigle en argent, orné de roses.

30 — Épingle en argent, représentant une armure formée par une perle baroque ornée de roses.

31 — Croix en or émaillé, ornée de roses.

32 — Cachet en argent, représentant une figure d'Indien, tête en onyx, coiffure ornée de roses. Louis XV.

33 — Dé en or, formant flacon.

34 — Main en lapis sculpté, avec monture en or.

35 — Papillon en argent émaillé, avec pierres fines, roses et émeraudes.

Boîtes, Tabatières et Étuis

36 — Boîte avec sujet d'intérieur d'église, par Milliara.

36 *bis* — Autre boîte, avec miniature : Enfant sur un chien.

37 — Couvercle de boîte, émail, sujet mythologique.

38 — Boîte en écaille, avec sujet de vendanges incrusté en argent.

39 — Boîte en ivoire, avec miniature représentant des nymphes endormies et des satyres.

40 — Boîte en écaille, avec sujet de chasse en piqué d'or.

41 — Boîte en écaille, avec sujet pastoral incrusté en argent.

42 — Boîte en émail, sujet en relief.

43 — Boîte en coquille sculptée, sujets mythologiques.

44 — Deux boîtes en émail, sujets gracieux.

45 — Deux boîtes en émail, à sujets.

46 — Boîte en émail; monture en argent, décorée d'un sujet religieux.

47 — Boîte en émail à décor de fleurs.

48 — Boîte en jaspe sanguin; monture en or.

49 — Boîte en sardoine; monture en or.

50 — Boîte en jaspe; monture en or.

51 — Boîte en prime d'Améthyste; monture en or. Sur le couvercle un papillon en pierreries.

52 — Deux boîtes en agathe.

53 — Boîte à mouches en nacre avec compartiments, ornée de figures incrustées en argent. Époque Louis XV.

54 — Boîte en émail de Saxe, décorée d'un sujet pastoral. Louis XV.

55 — Trois boîtes en écaille, piquées d'or.

56 — Deux boîtes en écaille, incrustées d'argent; à l'intérieur deux portraits sur vernis martin.

57 — Étui en cuivre, avec émaux. Époque Louis XV.

58 — Étui en émail de Saxe ; paysages et figures.

59 — Flacon en émail à reliefs.

Orfévrerie

60 — Bas-relief en argent repoussè, représentant la Vierge,
tenant sur ses genoux le corps du Christ.

    Travail italien. Fin du xvie siècle.

61 — Miroir avec cadre, en argent repoussé et ciselé.

    Travail vénitien. Louis XIV.

62 — Brûle-parfums en argent repercé à jours.

    Venise. xviie siècle.

63 — Flacon carré en argent ciselé et découpé à jours.

    Venise. xvie siècle.

64 — Plateau et deux burettes en argent repoussé et ciselé,
Époque Louis XIV.

65 — Chaufferette en argent repoussé, décorée de médaillons
et feuillages. Époque Louis XIV.

66 — Deux petits seaux à anse mobile, en argent repoussé.
Époque Louis XIV.

67 — Petit plateau en argent ciselé et découpé à jours.
Époque Louis XV.

68 — Étui en vermeil repoussé, décoré de feuillages et médaillons à figures. Époque Louis XIV.

69 — Étui en argent repoussé et ciselé, décoré de feuillages
et médaillons.

70 — Autre étui analogue.

71 — Sucrier en argent repoussé. Louis XIV.

72 — Boîte en argent repoussé et ciselé, avec sujets mythologiques. Époque Louis XIV.

73 — Autre boîte analogue.

74 — Petite tabatière en vermeil; sujets religieux. Époque
Louis XV.

75 — Montre Louis XV, en argent; sujets mythologiques.

76 — Autre montre analogue.

77 — Deux porte-salières en argent découpé à jours. Époque
Louis XVI.

78 — Vide-poche en argent découpé à jours, à pied triangu-
laire. Louis XIV.

79 — Coupe en argent repoussé. Louis XV.

80 — Étui à ciseaux en argent ciselé et découpé à jours.
Louis XV.

81 — Manche de couteau en argent niellé. Fin xvɪᵉ siècie.

82 — Six vases en coco, montés en argent repoussé. Louis XIV.

83 — Quatre présentoirs en filigrane d'argent.

Travail vénitien.

Camées

84 — Bague avec camée onyx, représentant quatre têtes su-
perposées.

85 — Bague avec camée sur jacinthe; buste de femme en relief.

86 — Bague avec camée en sardonyx. — Tête de nègre.

87 — Bague avec camée onyx. — Guerrier assis au pied d'un
tombeau.

88 — Bague avec camée onyx. — Tête de Minerve.

89 — Bague avec camée sardonyx. — Amour assis, tenant un
bouclier, entouré de rubis.

90 — Bague camée sardoine. — Masque de Silène.

91 — Bague camée sardonyx. — Tête d'homme casquée.

92 — Bague camée sardonyx. — Tête d'hercule, entourée de rubis.

93 — Bague camée onyx. — Le crucifiement, entouré de rubis.

94 — Bague camée. — Deux têtes de guerriers accolées.

95 — Cornaline. — Tête d'enfant, haut-relief.

96 — Bague camée sardonyx. — Tête de Silène.

97 — Bague camée. — Sujet, représentant Bacchus et Silène.

98 — Onyx. — Tête d'homme.

99 — Onyx. — Tête d'homme laurée.

100 — Sardonyx. — Tête de guerrier.

101 — Sardonyx. — Tête de Cupidon.

102 — Deux fermoirs de bracelets en sardonyx. Têtes d'empereurs.

103 — Epingle sardonyx. — Tête de femme.

104 — Épingle sardonyx. — Femme appuyée sur un therme.

105 — Épingle sardonyx. — Tête de femme.

106 — Jaspe. — Figure de Pape en haut-relief.

107 — Dix-huit bagues, camées montés ; matières diverses. Seront divisées.

108 — Vingt-six camées de matières diverses. Seront divisées.

Intailles

109 — Bague cornaline. — Tête d'homme, signée Pickler.

110 — Cornaline. — Sacrifice.

111 — Cornaline. — Sacrifice à Bacchus.

112 — Cornaline. — Vénus, écartant ses voiles.

113 — Cornaline. — Tête de jeune homme ; inscription grecque.

114 — Onyx. — Triomphe de Silène.

115 — Cornaline. — Triomphe de Bacchus.

116 — Jaspe. — Adam et Ève.

117 — Lapis. — Femme personnifiant la paix.

118 — Sardoine. — Triomphe de Silène.

119 — Jaspe. — Esculape.

Objets divers

120 — Six fauteuils en bois sculpté, recouverts en tapisserie.

Travail italien.

121 — Deux écrans en bois sculpté et doré, avec tapisseries à personnages. Époque Louis XIV.

122 — Deux tables en bois incrusté de nacres et laqués avec chasse d'animaux dans un paysage.

123 — Deux tables en bois sculpté avec dessus en marbre noir et mosaïque de Florence.

124 — Deux nègres en bois sculpté, avec porte-lumières en verre de Venise.

125 — Petit rétable d'autel en bois sculpté avec peintures; sujet religieux et colonnettes en marbre brocatellé. Époque Louis XIII.

126 — Quatre plats en cuivre gravé. Seront divisés.

Travail italien.

127 — Deux pommeaux en cuivre gravé.

Travail vénitien.

128 — Petit sceau en cuivre gravé.

Travail italien.

129 — Cadre en bois sculpté et doré, décoré de feuillages.

130 — Deux petits cadres en bois sculpté à frontons et culots.

131 — Deux petits guéridons en bois de poirier, incrusté d'ivoire.

132 — Deux petits guéridons en bois sculpté ; pieds contournés.

133 — Deux meubles d'encoignure en bois ronceux, décorés de guirlandes et ornements sculptés avec frontons, et garnis de glaces dans la partie supérieure.

Travail italien.

134 — Montre en vermeil ciselé avec ouverture, laissant voir quatre portraits sur émail, tournant avec les heures; à l'intérieur un autre portrait.

135 — Reliquaire en forme de médaillon en argent et cuivre doré. XVII° siècle.

136 — Petit groupe, représentant la Vierge debout entre deux anges. Jolie sculpture en corail du XVII° siècle.

Travail italien.

137 — Chapelet du Liban, incrusté de nacre et monté en argent.

138 — Figure de Saint en verre filé.

Travail vénitien.

139 — Étui en cuivre émaillé et tête de serpent en cuivre émaillé.

140 — Salière onyx ; monture en argent.

141 — Médaillon rond en écaille rouge, avec figures incrustées d'or et d'argent.

142 — Quatre étuis en vernis, écaille et nacre incrustée.

143 — Étui Louis XVI, orné de miniatures; monture or et cuivre.

144 — Flacon double en cristal, monté en argent doré. Louis XVI.

145 — Coupe à six lobes en émail; au centre un Amour; le bord décoré de fleurs et feuillages. Limoges, XVIIe siècle.

146 — Fourchette avec manche en argent émaillé.

Travail vénitien.

147 — Coupe en lapis avec anses formées par des tiges de fleurs et des satyres; le pied formé par trois figures d'enfants ; la monture en vermeil.

148 — Deux peintures sur lapis avec cadre en ébène et cuivre
gravé et doré.

149 — Cippe en ivoire sculpté, décoré d'une frise de chevaux
renversés, monture en argent; sur le couvercle, une tête
d'homme.

150 — Deux figures d'Amours en ivoire sculpté.

Travail italien.

151 — Vase monté, sur pied élevé à godrons.

152 — Calice en ivoire sculpté, supporté par une figure
agenouillée.

Travail italien.

153 — Grande croix en cuivre émaillé; d'un côté, le Christ et
les Évangélistes ; de l'autre, des figures de saints et le
Christ donnant sa bénédiction.

Travail de Limoges du xiiie siècle.

154 — Madone avec l'enfant Jésus. Bas-relief en terre cuite.
xvie siècle.

155 — Mortier en bronze à deux anses, décoré d'arabesques.

Travail italien. xvie siècle.

156 — Six lumières en verre de Venise gravé, avec cadres en
faïence.

Seront divisés.

157 — Meuble-cabinet à tiroir, décoré d'incrustations d'étain.

Travail italien.

158 — Petit cabinet à abattant, en bois de poirier incrusté
d'ivoire.

Travail italien. xvii⁰ siècle.

159 — Vingt-neuf petits portraits d'hommes et de femmes
peints à l'huile sur cuivre, principalement des écoles es-
pagnole et italienne. Des xvi⁰ et xvii⁰ siècles.

Seront divisés.

160 — Quinze autres portraits seront vendus par lots.

161 — Plusieurs groupes et figurines en porcelaine de Saxe
et d'Allemagne.

Seront divisés.

162 — Environ vingt-cinq pièces en verre de Venise.

Seront divisées.

163 — Deux grandes statues en bronze. Époque Louis XV.

164 — Tapisserie représentant une grande figure de guerrier, avec bordure d'arabesques. xvi⁰ siècle.

165 — Tapisserie représentant un sujet, avec bordure d'arabesques. xvi⁰ siècle.

Dentelles

166 — Volant en guipure de Venise, décor fleurs et oiseaux ;
aunage, 4 mèt. 28 cent.

167 — Volant à décor de feuillages, 3 mèt. 30 cent.

168 — Autre volant, 3 mèt. 70 cent.

169 — Trois volants de guipure à fleurs, 2 mèt. 90 cent.:
4 mèt. 82 cent. ; 3 mètres.

170 — Volant décor à fleurs, 5 mètres.

171 — Volant décor à fleurs, 4 métres.

172 — Un autre volant, 3 mèt. 60 cent.

173 — Bande de guipure de Venise, 8 mèt. 50 cent.

174 — Bandes à festons, 3 mèt. 56 cent.

175 — Entre-deux, 4 mèt. 65 cent.

176 — Bandes, 4 mèt. 10 cent.

177 — Bandes en guipure, 3 mèt. 85 cent.

178 — Une autre bande, 1 mèt. 77 cent.

179 — Volant, 4 mètres.

180 — Autre volant, 3 mèt. 36 cent.

181 — Autre volant, 3 mèt. 94 cent.

182 — Autre volant, 5 mètres.

183 = Deux autres volants de 3 mètres chaque.

184 — Deux autres volants, 3 mèt. 50 cent. et 2 mèt. 85 cent.

185 — Plusieurs morceaux de guipure.

186 — Sous ce numéro seront vendus les objets omis au présent catalogue.

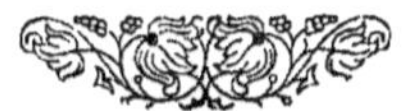